Unternehmensplanspiel "Erstellung eines Businessplans". Gründung einer fiktiven Firma "Protein Plus GmbH"

Alexander Langenfaß

Bibliografische Information der Deutschen Nationalbibliothek:

Die Deutsche Nationalbibliothek verzeichnet diese Publikation in der
Deutschen Nationalbibliografie; detaillierte bibliografische Daten sind
im Internet über http://dnb.d-nb.de abrufbar.

ISBN: 9783346351234
Dieses Buch ist auch als E-Book erhältlich.

© GRIN Publishing GmbH
Nymphenburger Straße 86
80636 München

Druck und Bindung: Books on Demand GmbH, Norderstedt Germany
Gedruckt auf säurefreiem Papier aus verantwortungsvollen Quellen

Das Buch bei GRIN: https://www.grin.com/document/989392

Unternehmensplanspiel: Businessplan

Studienarbeit

I Inhaltsverzeichnis

1 Executive Summary

Wir die Protein Plus GmbH sind ein junges und innovatives Unternehmen, dass sich zum Ziel gesetzt hat, den Markt für Nahrungsergänzungsmittel zu revolutionieren. Mit Hilfe unserer Homepage bieten wir unseren Kunden die Möglichkeit, einen Shake aus zahlreichen Inhaltsstoffen individuell zu gestalten. Bezüglich der Inhaltsstoffe kann die Menge an Proteinen, Kreatin, Taurin, Koffein und Aminosäuren innerhalb eines Rahmens bestimmt werden. Aufgrund der individuellen Produktgestaltung heben wir uns in diesem Bereich maßgeblich von der Konkurrenz ab, denn zahlreiche Hersteller bieten nur vorgefertigte Einzelprodukte an. Nachgehend werden die einzelnen Erfolgsfaktoren unseres Geschäftsmodells erläutert:

- Alleinstellungsmerkmal → kundenspezifische Produktgestaltung → Ausrichtung auf individuelle Kundenbedürfnisse durch unseren Mischassistenten

- Einheitlicher Vertriebskanal (Corporate Website) → Großteil der Kunden kann erreicht und zusätzlich Kosten eingespart werden

- Premiumanbieter mit qualitativ hochwertigen Produkten → Hochpreisstrategie

- Kompetenz und Erfahrung im E-Commerce, Marketing, Vertrieb, Produktmanagement und Logistik

- Anfänglich hohe Marketinginvestitionen, um schnell an Bekanntheitsgrad zu gewinnen

- Wertschöpfung durch effizienten Einkauf und individuelle Produkterstellung auf die Kundenbedürfnisse zugeschnitten

2 Produkt

Grundlegende Geschäftsidee der Firma Protein Plus, ist ein auf die Bedürfnisse der Endkunden angepasstes Nahrungsergänzungsmittel im Bereich Sportlernahrung. Dabei können Käufer frei aus den fünf Basiszutaten Whey-Protein[1], Booster[2](Koffein+Taurin), Kreatin sowie Aminosäuren ihr individuell abgestimmtes „Protein Plus" zusammenstellen. Anfänglich soll dieses in den Geschmacksrichtungen Schokolade, Vanille, Kirsche und Erdbeere verfügbar sein. Nach erfolgreicher Etablierung wird das Sortiment durch zusätzliche Sorten wie etwa Apfel, Maracuja, Orange sowie Kokos erweitert. Innovativ ist unter anderem, dass der Kunde frei aus den fünf genannten Zutaten wählen kann. Außerdem lassen sich sowohl Menge als auch Zutaten durch den Abnehmer bestimmen. Der programmierte Mischassistent auf der Homepage ist ebenfalls besonders hervorzuheben. Der Vorteil zu Mitbewerbern liegt insbesondere darin, dass der Kunde ein Produkt mit bis zu fünf Inhaltsstoffen erhält und hierdurch nicht jedes Supplement gesondert kaufen muss. Daraus resultiert auch eine deutliche Kostenersparnis für den Konsumenten. Zusätzlich hilft der Mischassistent, den Verbrauchern beim Kombinieren der fünf Komponenten oder zeigt spezifische Grenzwerte für alle Bestandteile auf. So soll ein auf jede Einzelperson angepasstes Fertigerzeugnis entstehen. Jedoch steht es allen Interessenten offen, ob sie den Assistenten in Anspruch nehmen. Aus den genannten Gründen ist „Protein Plus" nicht nur innovativ, sondern auch Anwenderfreundlich.

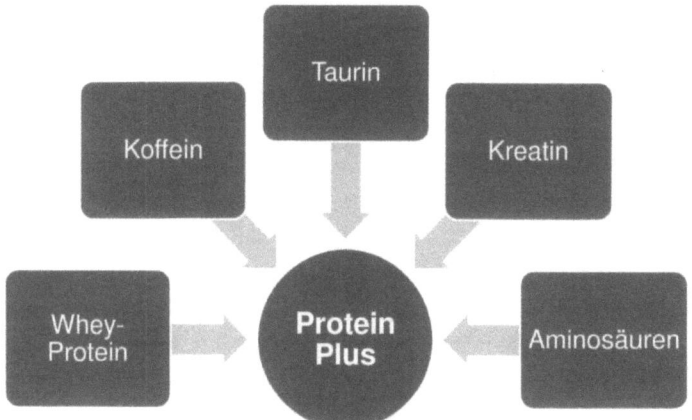

Abbildung 1: Mögliche Zusammenstellung des Produktes Protein Plus

---

[1] Whey ist ein Molkeprotein.
[2] Supplement zur Leistungsverbesserung beim Krafttraining bestehend aus Coffein und Taurin.

Das Produkt soll in erster Linie Privatkunden ansprechen. Zum potentiellen Kundenkreis der Protein Plus GmbH gehören vor allem Personen im Alter von 16 bis 35 Jahren, die an Muskelaufbau beziehungsweise Krafttraining interessiert sind. Ferner kommen Sportbegeisterte mittleren Alters (36-50 Jahre) infrage. Ältere Personengruppen (51-70 Jahre), welche sportlich fit bleiben möchten, werden ebenfalls einbezogen. Daraus ergibt sich ein aus drei wesentlichen Zielgruppen bestehender Markt an möglichen Interessenten. Ziel der Firma Protein Plus ist es, alle Segmente bestmöglich zu bedienen. Serviceleistungen in Form von Beratungen oder Fragen zu Inhaltsstoffen sollen über die Website erfolgen. Vor dem Kauf eines Protein Plus Supplements, können eventuelle Unklarheiten zum Thema Verträglichkeit durch den bereits beschriebenen Mischassistenten gelöst werden. Zugleich werden spezifische Fragen zu Inhaltsstoffen über ein Kontaktformular, das ebenfalls direkt auf der Website zu finden ist, gelöst. Alle Fragen werden innerhalb von ein bis maximal zwei Werktagen beantwortet. Der Versand der Waren findet innerhalb von ein bis drei Werktagen nach Bestelleingang statt. Zusammenfassend wird im Bereich Service hoher Wert auf schnellstmögliche Bearbeitung aller Kundenanfragen gelegt.

Der Vertrieb von Nahrungsergänzungsmitteln unterliegt etwaigen Lebensmittelverordnungen. Aufgrund dessen gewährleistet das Unternehmen Protein Plus für alle Produkte eine Mindesthaltbarkeit von einem Jahr. Überdies wird die Qualität durch monatlich stattfindende Kontrollen sichergestellt, welche für den Endkonsumenten durch ein Gütesiegel auf den Produkten erkennbar sind. Ansonsten garantiert der Betrieb Protein Plus, dass alle Lieferungen spätestens drei Tage nach Bestelleingang beim Kunden eintreffen. Des Weiteren kann bei Bedarf auch ins Europäische Ausland geliefert werden.

Gegenwärtig sind primär drei große Anbieter von Nahrungsergänzungsmitteln im Bereich der Sportlernahrung als Konkurrenten anzusehen. Der erste Mitbewerber am relevanten Markt ist Powerbar. In diesem Fall handelt es sich um einen amerikanischen Hersteller von Sporternährungsprodukten wie beispielsweise Eiweiß, diversen Fitnessriegeln und Instantpulver für Sportgetränke. Obwohl dieser Produzent verschiedene Eiweißpulver im Angebot hat, besteht keine Möglichkeit sich ein übergreifendes Produkt zusammenzustellen. Daneben befindet sich unter den Konkurrenten ebenso MyProtein, ein britischer Hersteller von Sportlernahrung, der den Fokus auf den Vertrieb von beispielsweise Proteinpulver sowie Fitnesskleidung gelegt hat. Als dritter möglicher Konkurrent, wurde der zum Glanbia global gehörende Konzern Optimum Nutrition identifiziert. Dieser Konzern beschränkt sich auch auf den Verkauf von Eiweiß und etwaigen Fitnessriegeln. Zudem haben beide zuvor erwähnten Konkurrenzfirmen faktisch kein zu Protein Plus vergleichbares Angebot.

Hersteller	Sortiment	Vorteile	Nachteile
Powerbar	Eiweiß, Fitnessriegel, Instantpulver für Sportgetränke, etc	Etablierte Produkte, Hoher Bekanntheitsgrad	Hohe Preise, keine Möglichkeit übergreifendes Produkt zusammenzustellen
MyProtein	Proteinpulver, Fitnesskleidung, Kreatin, Aminosäuren, etc	Etablierte Produkte, günstige Preise	Keine Möglichkeit übergreifendes Produkt zusammenzustellen
Optimum Nutrition	Eiweißpulver, Fitnessriegel, Aminosäuren, etc	Etablierte Produkte, Weltweit verfügbar	Hohe Preise, Keine Möglichkeit übergreifendes Produkt zusammenzustellen

Tabelle 1: Vergleich der 3 größten Konkurrenten von Protein Plus

Aktuell befindet sich das gesamte Projekt Protein Plus in der Planungs- beziehungsweise Konzeptphase. Diverse Voraussetzungen für die Herstellung sowie Entwicklung werden bereits geprüft. Deshalb sollen eigens angestellte Lebensmitteltechniker das Produkt so abstimmen, dass keine unvorhergesehenen Wechselwirkungen zwischen den fünf Basiszutaten entstehen und das Endprodukt dadurch seine Wirkung optimal entfalten kann. Darüber hinaus spielt ein angenehmer Geschmack eine signifikante Rolle. Hierbei werden insbesondere Bitterstoffe durch gesonderte technische Verfahren im fertigen Erzeugnis vermieden. Dies fällt ebenfalls in den Zuständigkeitsbereich der Techniker für Lebensmittel. Ferner ist eine Zertifizierung der Lebensmittelbranche zur Verdeutlichung der hohen Qualitätsansprüche geplant. Ein IT-Spezialist sorgt für den Aufbau, Wartung aber auch für die kontinuierliche Verbesserung der Homepage. Vor einigen Wochen wurden geeignete Produktionsstandorte besichtigt. Alle potentiellen Betriebsstätten eignen sich gut zur Durchführung des Projektes. Weiterhin erfolgten Kalkulationen für die Anschaffung von Herstellungsanlagen. Sobald die Kapitalfindung hinreichend abgeschlossen ist, können alle genannten Schritte umgesetzt werden.

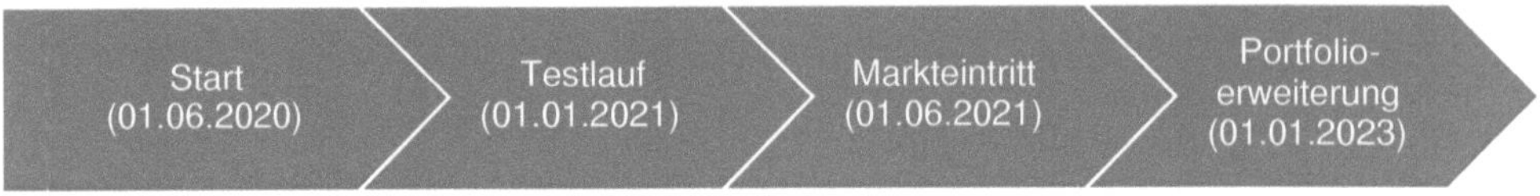

Start (01.06.2020)	Testlauf (01.01.2021)	Markteintritt (01.06.2021)	Portfolio-erweiterung (01.01.2023)

Abbildung 2: Wichtige Entwicklungsziele des Produktes Protein Plus

Innerhalb der nächsten Jahre sind vier übergeordnete Entwicklungsziele geplant. Zunächst beginnt mit dem 01.06.2020 die Startphase. Dieser Zeitabschnitt dauert planmäßig bis zum 31.12.2020 an. In diesem Zeitraum liegt die Priorität auf der Kapitalfindung durch Investoren oder Bankkredite. Hiernach fokussiert sich die Protein Plus GmbH plangemäß auf den Aufbau der Produktionsstätte. An dieser Stelle müssen Verträge über das entsprechende Mietobjekt abgeschlossen werden. Gleichzeitig gilt es zuvor ausgewählte sowie kalkulierte Herstellungsanlagen zu erwerben. Als Lieferanten kommen drei Partnerunternehmen infrage. Ein Lieferantenvergleich soll helfen, zwei ideale Zulieferer auszuwählen. Darauf Folgend wirkt ein angestellter IT-Spezialist bei der Erstellung der Website mit. Schlussendlich wird Betriebs- beziehungsweise Geschäftsausstattung von verschiedenen Unternehmen bezogen. Sobald alle Entwicklungsschritte abgeschlossen werden, ist die Startphase erfolgreich beendet.

Ab dem 01.01.2021 beginnt der Abschnitt Testlauf, welcher sich laut Plan bis zum 31.05.2021 erstreckt. Hier wird eine erste Grundmenge produziert. Ziel ist es festzustellen, ob der Produktionsablauf grundsätzlich reibungslos abläuft. Sofern dies nicht der Fall wäre, könnten auftretende Probleme schnell gelöst werden. Der Verkauf von Protein Plus über die Website startet am 01.06.2021. Infolgedessen handelt es sich hierbei um den Markteintritt. Laut den Planungen, sollte dieses Ziel bis zum 31.12.2022 abgeschlossen sein. Dabei zeigt sich hauptsächlich, wie das Produkt von den Konsumenten angenommen wird. Folglich muss die Protein Plus GmbH dafür sorgen, dass alle innerbetrieblichen Abläufe ineinandergreifen. Schließlich müssen neue Kunden vom Unternehmenskonzept überzeugt werden. Die letzte Phase stellt die Portfolioerweiterung dar und beginnt voraussichtlich am 01.01.2023. Hier ist die Einführung zusätzlicher Geschmacksrichtungen für Protein Plus geplant. So sollen unter anderem Sorten wie Apfel, Orange, Maracuja sowie Kokos für weitere geschmackliche Abwechslung sorgen. Daneben sollen durch Datenauswertungen beliebte Mischungen zielgerichteten Angeboten werden.

Da sich das Projekt aktuell noch in der Planungsphase befindet, gibt es einige Entwicklungsrisiken. Zum einen sind sowohl chemische als auch geschmackliche Wechselwirkungen als Risiken zu bewerten. Im Bereich Forschung und Entwicklung, sollen, wie bereits erwähnt, Lebensmitteltechniker eine optimale Abstimmung der einzelnen Inhaltsstoffe erreichen. Zum anderen ist fraglich, ob eine Zertifizierung für das Produkt Protein Plus durchgesetzt werden kann. Des Weiteren können Schnittstellenprobleme zwischen einzelnen Bereichen während der Entwicklung auftreten. Zur Lösung von Schwierigkeiten mit Schnittstellen gibt es bei der Protein Plus GmbH zwei Teilschritte. Zuerst sind Schnittstellen eindeutig zu klären, indem Tätigkeiten präzise den dafür zuständigen Mitarbeitern zugewiesen werden. In einem zweiten Schritt müssen Angestellte der Firma die festgelegten Aufgaben umsetzen. Ein weiteres Problem ist die Kapitalfindung. Kreditanfragen bei Banken wurden bereits getätigt. Allerdings steht deren Bearbeitung noch aus. Darüber hinaus wurde nach möglichen Investoren gesucht, sodass zeitnah feststeht, ob Kapital zur Verfügung gestellt wird. Derzeit läuft auch eine Patentrecherche. Nach Auskunft des Patentanwalts kann das Produkt zunächst nicht geschützt werden. Deshalb wird in naher Zukunft eine Prüfung auf eine Gebrauchsmustertauglichkeit durchgeführt. Recherchen inwieweit bei den drei Konkurrenten Powerbar, MyProtein, Optimum Nutrition Patente vorhanden sind, brachten keine relevanten Ergebnisse.

3 Markt und Wettbewerb

Mit unserer Unternehmensidee Protein Plus bewegen wir uns in der Fitnessbranche und dabei im Markt für Sporternährungsprodukte. Unter Sportlern ist es schon länger ein offenes Geheimnis, denn um gute Ergebnisse für den eigenen Körper zu erzielen gehört zum Fitnessprogramm nicht nur regelmäßiges Training, sondern auch die richtige Ernährung dazu. Das Umsatzvolumen mit Sportgetränken betrug dabei in den Jahren von 2013 bis 2017 allein in Deutschland mehr als 340 Millionen US-Dollar (siehe Abbildung 3). Umgerechnet ist das ein Umsatzvolumen von 305.295.520,00 €. Die Tendenz für die Nachfrage nach Sportgetränken zeigt dabei weiter steil nach oben. Der Grund dafür liegt hauptsächlich daran, dass die deutsche Bevölkerung verstärkt den Wunsch nach einem gesunden und körperbewussten Lebensstil hat. Das zeigt sich auch an der der zunehmenden Anzahl von Fitness-Studios und Fitness-Centern in Deutschland. „Im Jahr 2018 belief sich die Mitgliederzahl der deutschen Fitnessclubs auf weit mehr als elf Millionen. Davon trainieren laut einer Statista-Umfrage zur Häufigkeit des Besuchs von Fitnessstudios 61 Prozent mehrmals wöchentlich. 7 Prozent der aktuellen bzw. früheren Fitnessstudiomitglieder gaben sogar eine tägliche Trainingsfrequenz an. Dabei trainierte der größte Teil der Befragten zwischen einer und zwei Stunden."[3]

Das schlägt sich auch in der Prognose, die für die Jahre von 2018 bis 2023 getroffen wurde. In der Statista-Statistik (siehe Abbildung 3) prognostiziert man bis zu Jahr 2023 ein Marktvolumen von rund 412 Millionen US-Dollar. Umgerechnet entspricht das einen Umsatz von 369.943.040,00 Euro.

Die Abbildung wurde aus urheberrechtlichen Gründen von der Redaktion gelöscht

Abbildung 3: https://de.statista.com/statistik/daten/studie/970756/umfrage/marktvolumen-von-sportgetraenken-in-deutschland/

[3] https://de.statista.com/themen/233/fitness/

Die wichtigsten Wettbewerber mit denen sich Protein Plus misst, sind die Unternehmen PowerBAR und MYPROTEIN. Das Unternehmen PowerBar wurde 1986 in Berkeley, Kalifornien gegründet und ist seit dieser Zeit im Markt für Sporternährung aktiv. Im Jahr 2000 wurde PowerBar vom Schweizer Nestlé-Konzern gekauft und ist nun seit 2014 eine Tochtergesellschaft der Post Holdings, einer Konsumgüter-Holdinggesellschaft mit Sitz in Brentwood Missouri. Zweifellos ist PowerBar die bekannteste und umsatzstärkste Marke, wenn es um Sporternährung geht. Mit seinen über 150-Artikeln in 40 verschiedenen Produktformaten und einer großen geschmacklichen Vielfalt ist PowerBar weltweit in 35 verschiedenen Ländern aktiv. Bei Verwendern von Sporternährung erreicht PowerBar dabei eine Markenbekanntheit von 89 % und ist damit Marktführer. Der Marktumsatz von Powerbar lag im Jahr 2013 lag bei circa 175 Millionen US-Dollar und soll bis zum Jahr 2020 auf 213 Millionen US-Dollar steigen. Der Wettbewerber MYPROTEIN wurde 2004 gegründet und wurde 2011 vom britischen E-Commerce-Unternehmen The Hut Group übernehmen. MYPROTEIN hat seinen Hauptsitz im britischen Norwich und ist mit seinen Produkten in mehr als 70 Ländern der Welt aktiv. Im Jahr 2019 erzielte MYPROTEIN dabei einen Marktumsatz von 191,7 Millionen US-Dollar. Die Zielgruppen, die unsere Wettbewerber ansprechen sind sportorientierte und ernährungsbewusste Personen von 16 – 50 Jahren, die abnehmen oder für ihren Körper einen geregelten Muskelaufbau betreiben wollen. Wir befinden uns mit Protein Plus in einer hartumkämpften Branche, in der ständige Innovationen und Weiterentwicklung zur Kundengewinnung absolut notwendig sind. Um im Markt der Sporternährung erfolgreich sein zu können, sind folgende Faktoren absolut entscheidend. Wichtigstes Kriterium ist zunächst die Qualität des Produkts. Da wir uns im Ernährungssektor bewegen, entscheidet dieser Faktor bereits maßgeblich über den Erfolg von Protein Plus. Zudem muss das Produkt auf die individuellen Kundenbedürfnisse anpassbar sein, um auch die Zielgruppe des Wettbewerbs anzusprechen. Darüber hinaus sind Innovationen und Weiterentwicklungen, die mit hervorragendem Marketing verknüpft werden müssen, für das Bestehen und für den Erfolg von Protein Plus absolut unverzichtbar. Während unsere Wettbewerber fertige Produktmischungen in Form von Pulver, Gels oder Riegeln anbieten, konzentriert sich Protein Plus darauf ein Produkt anzubieten, das auf den Endkunden individuell abgestimmt ist. Mit einem Webseiten-Mischassistenten kann sich der Endkunde seine Sporternährung auf seine individuellen Bedürfnisse selbst zusammenstellen. Dazu erhält er, die für ihn, notwendigen Beratungsdienstleistungen, um am Ende ein erfolgreiches und gesundheitsbewusstes Ergebnis zu erzielen. Da die Prognosen für das Marktwachstum bis 2023 sehr vielversprechend sind (siehe Abbildung 3), gehen wir davon aus, dass unser Produkt für den Sporternährungsmarkt eine großartige Bereicherung darstellt. Auf dem Markt wollen wir dabei mit einer Hochpreisstrategie erfolgreich sein. Bewegen möchten wir uns dabei im Premiumsegment, um uns mit einer überdurchschnittlichen Produktqualität von den Wettbewerbern abgrenzen zu können. Um am Markt mit unserem Produkt zu bestehen zu können, gilt es auch gesetzliche Auflagen zu erfüllen und einzuhalten. Unter anderem ist dabei vom Lebensmittelrecht, den Haltbarkeitsvorschriften, Patent- und Lizenzrechten sowie von Verordnungen und Regulierungen für den Online-Handel die Rede. Dazu wird Patrik Sakulic im Aufgabenteil „Produkt" noch näher darauf eingehen. Auch unsere Wettbewerber werden auf unseren Markteintritt entsprechend reagieren. Man kann davon ausgehen, dass eine Produktüberprüfung der Wettbewerber stattfinden wird, um mögliche Patent- oder Lizenzverletzungen aufzudecken. Außerdem ist es nicht ausgeschlossen, dass Testkäufe von den Wettbewerbern dargestellt werden, um eventuelle Mängel an unserem Produkt festzustellen, die für Protein Plus zu großen Unternehmensschäden in der umkämpften Fitnessbranche führen könnten. Um auf solche Handlungen des Wettbewerbs bestens vorbereitet zu sein, sichern wir uns durch eine Zusammenarbeit mit einem Patentanwalt ab. Dieser hat die Aufgabe die Schaffung, Sicherung, Verwertung und Durchsetzung des gewerblichen Schutzrechts für unser Produktes zu erreichen. Außerdem ist die Einführung eines Qualitätsmanagements für Protein Plus für die Chargenüberprüfungen des Produktes zwingend erforderlich, um der Konkurrenz nicht die Möglichkeit zu möglichen Mängelfeststellungen zu geben. Um den Markt zu segmentieren haben wir uns bei Protein Plus für die soziodemographischen Segmentierungskriterien, wie Alter, Geschlecht etc. entschieden. Wir haben uns dabei im Team zusammengesetzt, und an Buyer Personas gearbeitet, die als fiktive Personen, unsere typischen Kunden repräsentieren sollen. Es handelt sich dabei, um männliche und weibliche Personen zwischen 19 und 45-Jahren, die sportbegeistert sind, sich gesund und körperbewusst ernähren, fit bleiben möchten und auf ihr eigenes Schönheitsideal sehr viel Wert legen. Grundsätzlich ist es aber für uns wichtig, dass man zunächst in allen Segmenten des Sporternährungsmarktes die Chance zur Etablierung sucht, da wir mit der Umsetzung der Unternehmensidee Protein Plus noch ganz am Anfang stehen. Der Markt hält für uns dabei auch noch auch Barrieren bereit, die zunächst noch überwunden werden müssen. Zum einen gibt es für das Unternehmen Protein Plus noch keinen Bekanntheitsgrad und zum anderen sorgen Skaleneffekte der Wettbewerber, die ihre Produkte kostengünstiger verkaufen können, für eine weitere Markteintrittsbarriere. Wenn wir mit Protein Plus die genannten Markteintrittsbarrieren überschritten haben und unser Produkt den Markteintritt erfolgreich gemeistert hat, wollen wir den ersten drei Jahren nach Gründung einen Umsatzerlös von 3.328.728,00 € nach unserem erstellten Finanzplan erwirtschaftet haben.

4 Marketing und Vertrieb

In diesem Abschnitt wird auf das Thema der Vermarktung und des Vertriebs der unternehmenseigenen Produkte eingegangen. Hierbei hat die Protein Plus GmbH konkrete Marketingziele aufgestellt, welche erreicht werden sollen. Ein Ziel dabei ist, am bestehenden Markt für Nahrungsergänzungsmitteln einen erfolgreichen Markteintritt durchzuführen. Dieser wird an dem anfänglichen Marktanteil nach mehreren Monaten gemessen. Dieser sollte mindestens 1 bis 2,5 % erreichen, was bei diesem ausgereiften Markt enorm vielversprechend wäre, da dieser bereits viele Anbieter enthält. Genauer definiert soll am europäischen Markt für Nahrungsergänzungsmittel nach einem halben Jahr ein Marktanteil von mindestens 2,5 % erreicht werden. Dieses Ziel soll mit Hilfe einer bestimmten Marketingstrategie gelingen. Das Unternehmen verwendet eine Hochpreisstrategie, daher sollen die Produkte mit einem höheren Preis eingeführt werden, was dem Kunden eine gewisse Qualität vermitteln soll. Aufgrund der kundenspezifischen Zusammensetzung des Produktes, muss auch ein gewisser Preis gefordert werden, welcher zu einer Kostendeckung führt. Genauer gesagt wird hierbei die Differenzierungsstrategie verwendet. Das Unternehmen hat gegenüber den Wettbewerbern aufgrund ihrer Beratungsdienstleistung einen wesentlichen Vorteil. Den Kunden werden nicht nur beliebige Produkte verkauft, sondern Produkte welche auf den eigenen Körper und Gesundheitszustand zugeschnitten sind. Bezüglich der Vermarktungsstrategie, wird mit Hilfe der digitalen Kommunikationsinstrumente, wie Social-Media, der Corporate Website oder Hilfsmitteln des Online Marketings, wie zum Beispiel Google-AdWords die Produkte und das Unternehmen umworben. Die Protein Plus GmbH möchte dem Kunden ein vitales, kundenspezifisches und direkt auf seine Wünsche zugeschnittenes Produkt anbieten. Gegenüber unseren Konkurrenten präsentieren wir unser Alleinstellungsmerkmal der kundenspezifischen Produktgestaltung mit zusätzlicher Beratungsdienstleistung. Die Zielgruppe bezüglich der Nahrungsergänzungsmittel ist breit gefächert, richtet sich jedoch speziell an sportbegeisterte Menschen jungen Alters, welche Muskelaufbau betreiben oder Abnehmen wollen. Doch hierzu sehen Sie im späteren Verlauf eine detaillierte Gliederung der Kundensegmente. Mit Hilfe der obenstehenden digitalen Kommunikationsinstrumente, kann der Bekanntheitsgrad des Unternehmens gesteigert werden, um am Markt erfolgreich Fuß zu fassen. Speziell in den ersten Monaten nach der Unternehmensgründung, wird viel Marketing betrieben, um möglichen Eintrittsbarrieren entgegen wirken zu können. Eine der bestehenden Eintrittsbarrieren ist die ausgeprägte Kundenloyalität der Kunden gegenüber großer Supplementunternehmen. Ein Beispiel hierfür ist das Unternehmen „Myprotein", welches einen großen Anteil am europäischen Markt besitzt und aufgrund des langjährigen Bestehens des Unternehmens einen hohen Bekanntheitsgrad unter den Kunden besitzt. Des Weiteren können derartig große Fitnessketten mit Skaleneffekten glänzen, die kleine – und mittelständische Unternehmen vertreiben. Um somit trotzdem am Markt erfolgreich zu sein, muss zu Beginn viel Marketing betrieben werden. Im kommenden Abschnitt wird auf den Marketing-Mix und die einzelnen Bestandteile näher eingegangen. Beginnend mit der Produktpolitik der Protein Plus GmbH. Die Kernprodukte sind die Nahrungsergänzungsmittel Protein, Kreatin, Booster und BCAA´s. Das erweiterte Produkt wird durch die kundenspezifische Zusammensetzung der einzelnen Inhaltsstoffe definiert. Zum Beispiel kann das Produkt nach Proteinanteil, Kreatin Anteil, Taurin – und Koffein Anteil und der Menge an Aminosäuren zusammengestellt werden. Die Zusatzleistung der Protein Plus GmbH besteht in der Beratungsdienstleistung des Unternehmens. Auf der Corporate Website des Start-up Unternehmens wird ein Assistent veröffentlicht, welcher dem Kunden hilft das Produkt auf seinen Körper auszurichten. Hierbei kann Gewicht, Größe, Alter, Geschlecht und Nahrungsunverträglichkeiten eingegeben werden, welche den Kunden bei der Generierung des kundenspezifischen Produkts unterstützen. Ein weiterer Blickwinkel ist die Preispolitik. Wie bereits beschrieben, möchte das Unternehmen die Hochpreisstrategie zum Markteintritt verwenden. Der Preis soll hoch angesetzt werden, um die überdurchschnittliche Qualität der Inhaltsstoffe des Produktes zum Ausdruck zu bringen. Im näheren wird auf die Zuschlagskalkulation eines Durchschnittsproduktes eingegangen. Das Durchschnittsprodukt des Unternehmens enthält zu 40 % Proteine ohne weitere Zutaten. Je nach weiterer Zutat kann der Preis bis auf maximal 60,00 € je Kg ansteigen. Das bisherige Produkt wird in den Geschmäckern, Vanille, Schokolade, Erdbeere und Kirsche angeboten. Für die nächsten Quartale sind weitere Geschmäcker, wie zum Beispiel Orange, Pfirsich Maracuja, Apfel und Kokosnuss in Planung.

Kostenart	Betrag in Euro / 1kg
Fertigungsmaterial	15,50€
+ Materialgemeinkosten	2,16€
+ Fertigungslöhne	6,80 €
+ Fertigungsgemeinkosten	3,01€
+ Sonderkosten der Fertigung	-
= Herstellungskosten der Fertigung	27,47€
+ Verwaltungsgemeinkosten	1,52€
+ Vertriebsgemeinkosten	1,60€
= Selbstkosten	30,59€
+ Gewinnzuschlag	6,00€
= Listenpreis	36,59€
-Rabatte	2,50€
= Zielverkaufspreis	34,09€

Der obenstehend berechnete Zielverkaufspreis liegt im oberen Preissegment für Nahrungsergänzungsmittel und orientiert sich an der überdurchschnittlichen Qualität der Inhaltsstoffe. Der Grund hierfür ist wie bereits erwähnt die Hochpreisstrategie des Unternehmens. Der USP der Protein Plus GmbH ist die kundenspezifische und individuelle Produktgestaltung. Hierfür besteht großes Potential, da die Zielgruppen mehr Geld für gute und individuell abgestimmte Produkte als für Durchschnittsprodukte ausgeben. Dies zielt auf das Gesundheitsbewusstsein der derzeitigen fitnessbegeisterten Personen ab. Die Gewinnspanne für das Produkt liegt bei ungefähren 20%. Für die Lieferung innerhalb Deutschlands werden 5,00 € an Lieferkosten berechnet. Außerhalb Deutschlands betragen die Lieferkosten 10,00 € und ab einem Wareneinkaufswert von 50,00 € ist die Lieferung kostenlos. Neben der Preis- und Produktpolitik wird auch auf die Kommunikationspolitik eingegangen. Hierbei setzt das Unternehmen auf die digitalen Kommunikationsinstrumente unserer Zeit. Beispiele hierfür sind Anzeigen über Facebook oder Instagram, Google AdWords oder Werbung über die unternehmenseigene Homepage. Der Hauptbestandteil der externen Kommunikation besteht in der Corporate Website. Hierbei kann sich der Kunde über das Unternehmen und die Produkte informieren. Derzeitige Presseinformationen einsehen oder sich über Produktaktionen erkundigen. Des Weiteren stellt die unternehmenseigene Homepage den Dreh- und Angelpunkt des Unternehmens dar und bietet auch den Hauptabsatzkanal des Unternehmens. Über die Website können die Kunden das Produkt individuell gestalten und zusammenstellen, sowie kostenpflichtig bestellen. Das Marketing der Protein Plus GmbH ist auf die digitale Customer Journey des 21 Jahrhunderts ausgerichtet. Diese besagt, dass potentielle Neukunden vor der Bestellung der Produkte eine aktive Recherche im Internet betreiben. Aufgrund dieses Geschehens ist das Hauptkommunikations- und Absatzmittel der Protein Plus GmbH die Corporate Website. Mit interessanten Inhalten und regelmäßigem Content kann der Betrieb die Aufmerksamkeit der Kunden gewinnen und schnellstmöglich an Marktanteil gewinnen. In diesem Kontext wird näher auf die Distributionspolitik des Unternehmens eingegangen. Hierbei agiert das Unternehmen über den direkten Vertriebskanal. Das Unternehmen bietet den Kunden die Möglichkeit über die unternehmenseigene Homepage mit Bestellfunktion die Produkte käuflich zu erwerben.

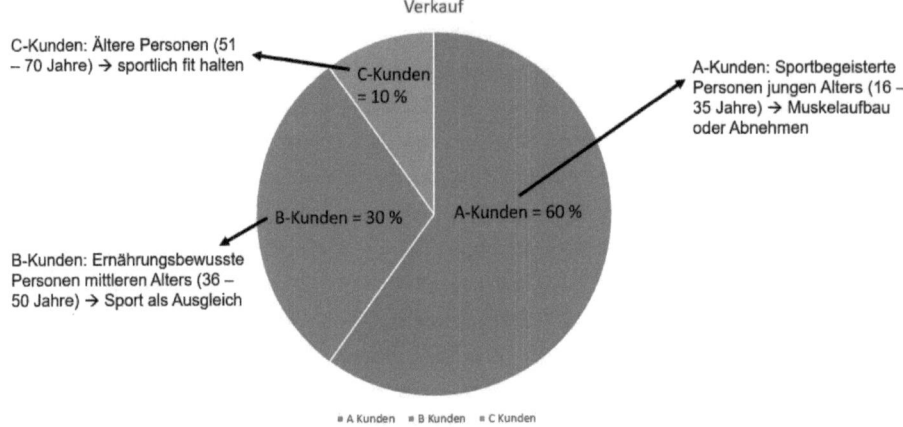

Abbildung 4: Kundensegmentierung

Die drei Hauptzielgruppen der Protein Plus GmbH sind obenstehender Abbildung zu entnehmen. Die sportbegeisterten jungen Personen, welche gezielt Muskelaufbau betreiben oder abnehmen wollen, bilden die Hauptzielgruppe. Darunter verstehen sich junge Leute zwischen 16 und 35 Jahre, die regelmäßig mit klaren Zielvorstellungen in Fitnessstudios gehen. Diese Zielgruppe soll ungefähr 60 % des Umsatzes einbringen. Das nächste Zielsegment sind die ernährungsbewussten Personen mittleren Alters, daher zwischen 36 und 50 Jahre, die zum täglichen Ausgleich Fitnessstudios aufsuchen. Diese Zielgruppe soll zukünftig 30 % der gesamten Einnahmen generieren. Das letzte Segment, welches 10 % der Gesamteinnahmen belegt, sind die älteren Personen, welche sich fit halten wollen und zwischen 51 und 70 Jahre alt sind. Somit wird deutlich, der Hauptfokus auf die junge Generation gelegt wird, da diese den größten Anteil am Umsatz generieren werden. In der heutigen Zeit der Digitalisierung wurde mit Bedacht die Corporate Website als einziger Absatzkanal gewählt, da der Großteil unserer Kunden, genauer gesagt die A und B Kunden über den Online-Shop bestellen werden. Bezüglich der restlichen zehn Prozent der Kunden, ist die Wahl des Absatzkanals nicht passend, jedoch wäre ein weiterer Absatzkanal für eine derartig geringe Anzahl an Kunden nicht rentabel. Untenstehender Abbildung sind die Umsatz- und Absatzzahlen je Kundensegment zu entnehmen, welche in den ersten zwei Geschäftsjahren zu erwarten sind. Diese Zahlen basieren auf dem Finanzplan Kapitel 9.Im ersten Jahr werden 348.270 € und im zweiten Geschäftsjahr 1.164.942 € erwirtschaftet. Diese Umsatzzahlen werden untenstehend prozentual aufgegliedert. Genaueres kann der untenstehenden Abbildung entnommen werden. Jedoch ist zu erwähnen, dass vom ersten auf das zweite Geschäftsjahr eine Umsatzsteigerung von über 300 % angestrebt wird. Bezüglich der Absatzzahlen ist zu nennen, dass die Menge im zweiten Geschäftsjahr aufgrund des steigenden Bekanntheitsgrades des Unternehmens ebenfalls über 300 % anwächst.

Zielsegmente	Absatz in St Jahr 1	Umsatz Jahr 1	Absatz in St Jahr 2	Umsatz Jahr 2
A Kunden (60%)	4.446 St	208.962 €	14.580 St	698.965,2 €
B Kunden (30%)	2.223 St	104.481 €	7.290 St	349.482,6 €
C Kunden (10%)	741 St	34.827 €	2.430 St	116.494,2 €
Gesamt	7.410 St	348.270 €	24.300 St	1.164.942 €

Abbildung 5: Umsatzzahlen je Kundensegment

In diesem Abschnitt soll näher beschrieben werden, wie ein typischer Produktverkauf bei der Protein Plus GmbH ablaufen wird. Zunächst wird der potentielle Neukunde auf unsere kreative und kundenfreundlich gestaltete Homepage aufmerksam. Er erkundigt sich über mögliche Produktgestaltungen und entwickelt einen Bedarf. Zunächst muss sich der Kunde bei uns registrieren um ein eigenes Profil erstellen und anschließend kostenpflichtig bestellen zu können. Diese Registrierung kann in weniger als fünf Minuten erledigt werden und bedarf daher wenig Aufwand. Nach der Registrierung bekommt der Kunde ein eigenes Profil, auf das er mit seinem Anmeldenamen und Passwort zugreifen kann. In diesem Profil angelangt, kann der Kunde seine persönlichen Daten eintragen, um den Mischassistenten nutzen zu können. Dieser hilft dem Kunden zur individuellen Zusammensetzung des Produktes, daher zur Bestimmung der Inhaltsstoffe und deren Menge. Trägt ein Kunde ein, dass er das Ziel des Muskelaufbaus verfolgt, berücksichtigt dies der Mischassistent in einer erhöhten Proteinzufuhr. Die Daten eingetragen, kann der Kunde die Inhaltsstoffe überprüfen und die Mengen, wenn nötig manuell anpassen. Ebenso können der Geschmack, die Bestellmenge und die Zahlungsart gewählt werden. Wir erhalten die Bestellung und versenden das Paket schnellstmöglich an den Kunden. Bei der Protein Plus GmbH sind zwei Mitarbeiter für den Vertrieb und ein Mitarbeiter für das Marketing zuständig. Hierbei beschäftigt sich der erste Vertriebsmitarbeiter mit den deutschen Kunden und der zweite Vertriebsmitarbeiter mit den ausländischen Kunden. Um das Marketingziel, daher einen Marktanteil von mindestens 2,5% zu erreichen, muss die Qualität, sowie die Lieferzeit hervorragend sein. Dies hat sich die Protein Plus GmbH zu ihrer Hauptaufgabe gemacht, weswegen das Unternehmen vor allem auf eine überdurchschnittlich gute Produktqualität, sowie eine schnelle Lieferzeit achtet. Im ersten Monat betragen die Kosten für Marketing und Werbung ungefähr 25.000 €, anschließend belaufen sich die monatlichen Marketingkosten auf rund 10.000 €. Wie bereits erwähnt, muss zu Beginn im Marketingbereich enorm investiert werden, um den Bekanntheitsgrad des Unternehmens drastisch zu erhöhen.

5 Geschäftsmodell und Organisation Protein Plus GmbH

Wertschöpfung

Das Unternehmen betreibt einen E-Commerce Webshop der Nahrungsergänzungsmittel für Kunden anbietet, die verschiedene Arten von Fitness betreiben. Hierbei ist auf das Kapitel Marketing und Vertrieb zu verweisen, welches die diversen Zielgruppen ausführlich erläutert. Das benötigte Rohmaterial der Nahrungsergänzungsmittel in Form von Pulver wird an erster Stelle kostengünstig von den Herstellern bezogen und im Weiteren auf Anfrage von individualisierten Kundenbestellungen vermischt. Der Vermischungsprozess wird durch Pulverabfüllanlagen in der eigenen Produktions- Lagerhalle durchgeführt. Die verschiedenen Möglichkeiten der Produktvariationen werden anhand eines Konfigurators limitiert und auf ihre Verträglichkeit und mögliche Wechselwirkung geprüft. Dies ermöglicht unseren Kunden den Erwerb eines abgestimmten ganzheitlichen Nahrungsergänzungsmittel für den persönlichen Bedarf. Dies spiegelt den Kundennutzen den das Unternehmen anstrebt wider. Der Kundennutzen, die individualisierte Zusammenstellung der einzelnen Nahrungsergänzungs-Komponenten und die damit verbundene geführte und geprüfte Konfiguration, ist mit der Wertschöpfung des Produktes bzw. Unternehmens gleichzusetzten.

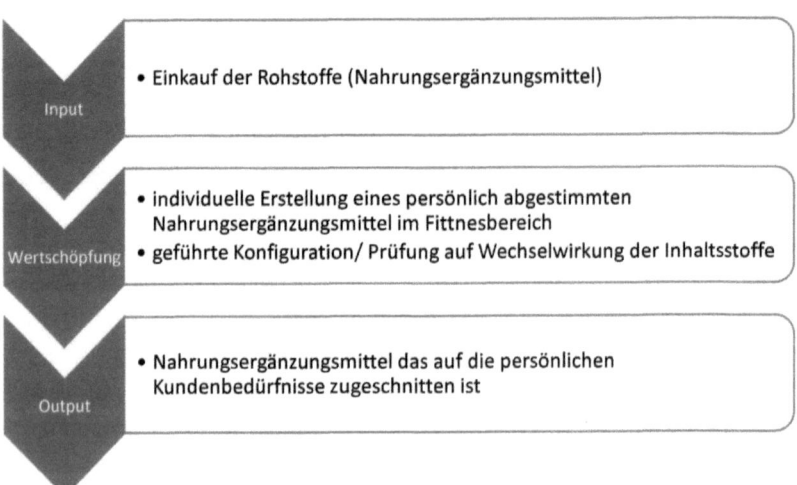

Abbildung 6: Wertschöpfung

Demnach versucht das Unternehmen durch effizienten Einkauf der Rohstoffe günstige Preise und Skaleneffekte zu erzielen. Im weiteren Sinn bildet die bereits erläuterte Wertschöpfung und der effiziente Einkauf der Materialien die Ertragsdimension des Unternehmens. Diese beiden Aspekte erzielen den Ertrag, der im Output generiert wird.

Kompetenzen und Aktivitäten

Die Kernressource der Protein Plus GmbH stellt der Mitarbeiter selbst dar. Die Kernaktivität des Unternehmens besteht darin, individualisierte Produkt zu vermischen und diese zu vermarkten. Der ausschließliche Verkauf über die unternehmenseigene Webpage bedarf der fachspezifischen Kompetenz des Onlinehandels. Diese Kompetenz wird durch die Firmengründer abgedeckt. Hierfür ist es notwendig durch diverse Kommunikations- und Marketingwege die Zielgruppen zu erreichen und auf das Unternehmen aufmerksam zu machen. Diese Hürde wird anhand von intelligenter Nutzung von Social-Media und der spezifischen Schaltung von Keywords bei Google-AdWords erreicht. Über diese Wege soll der Kundennutzen detailliert und ansprechend vermittelt werden und so die relevanten Zielgruppen angesprochen werden. Dabei bilden fitnessbegeisterte Personen zwischen 16 – 50 Jahren die Hauptzielgruppe des Unternehmens. Hierfür ist ein hohes Verständnis der Analyse von Suchmechaniken bei Suchmaschinen wie Google oder der diversen Social-Media-Sites nötig. Des Weiteren ist eine effiziente Auftragsabwicklung innerhalb des Unternehmens notwendig, um die individualisierten Produkte an den Kunden zu versenden. Dies bedeutet, ein automatisiertes ERP-Abwicklungssystem einzurichten, welches einen reibungslosen Arbeitsablauf zwischen den Abteilungen ermöglicht. Die Vermischung der einzelnen Komponenten an Nahrungsergänzungsmitteln kann durch den bereits erwähnten Konfigurator anfänglich auf eine vertretbare Kombinationsvariation beschränkt werden. Dies ermöglicht einen unkomplizierten Vermischungsprozess und standardisierte Verfahren.

Geschäftsumfeld / Make or Buy / Partner

Die Protein Plus GmbH ist in die Fitnessbranche einzuordnen. Im Jahr 2018 belief sich die Anzahl an Mitgliedern deutscher Fitnessstudios auf 11,09 Mio. Hierbei erzielte das Umsatzsegment Fitness im Jahr 2010 einen gesamten Umsatz von rund 3,8 Mrd. € in Deutschland. Die Wachstumsentwicklung ist dabei eindeutig, da im Jahr 2018 bereits 5,33 Mrd. € erzielt wurden[4]. Aufgrund dieser Daten ist ein weiteres Wachstum zu erwarten. Demnach befindet sich die Protein Plus GmbH in einem wachsenden Markt der trotz Konkurrenz einen Markteinstieg und ein späteres Wachstum erlaubt. Grundlegend wird der Markt durch den Onlinevertrieb dominiert. Die Protein Plus GmbH wird anfänglich an diesem Markt ohne Partner agieren. Dennoch werden die benötigten Rohstoffe des Produktes fremdbezogen. Diese sollen direkt bei einer ausgewählten Anzahl an verschiedenen Lieferanten bezogen werden. An dieser Stelle soll auf den bereits beschriebenen Wertschöpfungsprozess verwiesen werden.

---

[4] https://de.statista.com/statistik/daten/studie/6228/umfrage/umsatz-der-fitness-branche-in-deutschland/

Organigramm / Rechtsform

Die Geschäftsführung sowie die Aufstellung des Finanzplanes fallen in den Tätigkeitsbereich von Herrn Kappelmaier. Herr Unterhuber ist für die Überwachung der Produktqualität in Verbindung mit externen Experten zuständig. Das Onlinemarketing und die Gestaltung der Checkoutprozesse sowie die Kundenbetreuung werden durch Herrn Hörl verwaltet. Für einen reibungslosen Produktions- bzw. Vermischungsprozess sorgt Herr Sakulic. Die im Onlinehandel komplexen Lager- und Logistikprozesse werden durch Herrn Schönberger übernommen. Für einen effizienten Rohstoffeinkauf und das Lieferantenmanagement ist Herr Langenfaß zuständig.

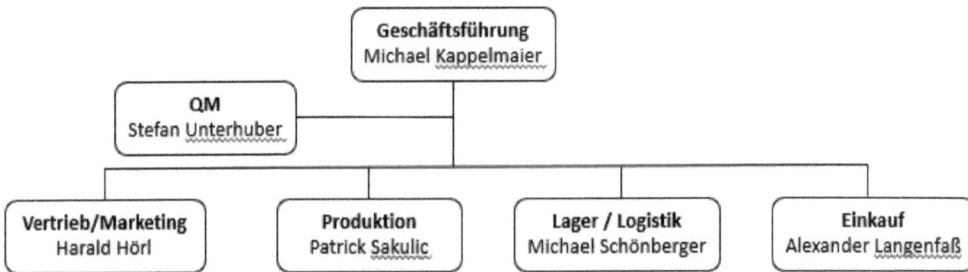

Abbildung 7: Organigramm

Das Unternehmen Protein Plus hat die Rechtsform der GmbH gewählt. Diese Rechtsform birgt den Vorteil der begrenzten Haftung, die sich auf das Gesellschaftsvermögen begrenzt. Zudem wird für die GmbH die Körperschaftssteuer angewandt, die vorteilhaft gegenüber der Besteuerung einer Personengesellschaft ausfällt. Der Standort des Unternehmens liegt in Töging am Inn. Diese Wahl ist auf die günstige Gewerbesteuer der Stadt zurückzuführen. Hierbei lag der Gewerbesteuerhebesatz in 2018 bei 330%, der bayernweite Durchschnitt hingegen beläuft sich in 2018 auf 375%[5].

---

[5] https://www.lexoffice.de/service/gewerbesteuer-hebesatz/

6   Team

Harald Hörl:

- Berufsausbildung als Industriekaufmann – Firma ODU GmbH & Co. KG
- Anschließende Berufserfahrung im Marketing- und Produktmanagementbereich
- Betriebswirtschaftliches Studium FH Rosenheim – Schwerpunkt technischer Vertrieb und Marketing
- Erfahrungen in der Branche „Elektrotechnik"

Stefan Unterhuber:

- Berufsausbildung als Kaufmann für Versicherungen und Finanzen – Versicherungskammer Bayern
- Anschließende Berufserfahrung im Vertriebsaußendienst
- Betriebswirtschaftliches Studium FH Rosenheim – Schwerpunkt technischer Vertrieb und Qualitätsmanagement
- Erfahrungen in der Branche „Finanzdienstleister"

Patrick Sakulic:

- Berufsausbildung als Einzelhandelskaufmann – Betrieb O2
- Anschließende Berufserfahrung im Vertriebsinnendienst
- Betriebswirtschaftliches Studium FH Rosenheim – Schwerpunkt Produktmanagement
- Erfahrungen in der Branche „Telekommunikation"

Michael Schönberger:

- Berufsausbildung als Bankkaufmann – Betrieb Sparkasse Altötting & Mühldorf
- Anschließende Berufserfahrung in der Kundenberatung (Finanzsektor)
- Betriebswirtschaftliches Studium FH Rosenheim – Schwerpunkt Logistik
- Erfahrungen in der „Finanzbranche"

Alexander Langenfaß:

- Berufsausbildung zum Industriekaufmann – Firma Zunhammer GmbH
- Anschließende Berufserfahrung im Vertriebsinnen- und Außendienst
- Betriebswirtschaftliches Studium FH Rosenheim – Schwerpunkt „Produktentwicklung"
- Erfahrungen in der Branche „Maschinenbau"

Michael Kappelmaier:

- Berufsausbildung zum Heilerziehungspfleger – Firma Stiftung Ecksberg
- Anschließende Berufserfahrung im Bereich Arbeit und Förderung
- Betriebswirtschaftliches Studium FH Rosenheim – Schwerpunkt „Betriebsorganisation"
- Erfahrungen in der Branche „Sozial"

Personalplanung

1. Jahr: 1 Lebensmitteltechniker
2. Jahr: 4 neue → 1 IT- Administrator, 3 Produktion
3. Jahr: 5 neue → 1 Buchhaltung, 1 Qualitätsmanager, 3 Produktion

7 Realisierungsplan und Meilensteine der Protein Plus GmbH

Meilensteine

Die Protein Plus GmbH stellt in ihrem Entwicklungsprozess vorerst vier Meilensteile auf, die im Folgenden erläutert werden.

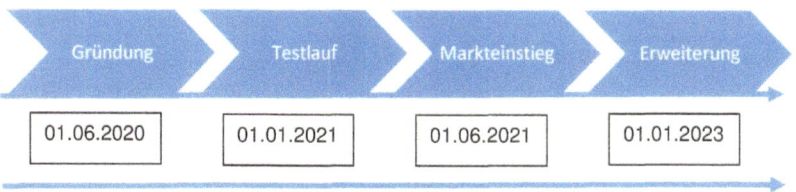

Abbildung 8: Meilensteine

Meilenstein 1 - Gründung

Der erste Meilenstein stellte alle Aktivitäten dar, die bis zum 01.06.2020 abzuschließen sind. Anfänglich wird die generelle Firmengründung, die damit verbundenen behördlichen Aspekte und die generelle Gestaltung des Gesellschaftsvertrages abgeschlossen. Im weiteren Verlauf wird parallel an der Softwareentwicklung des Konfigurators und an der Erstellung der Webseite gearbeitet. Zudem wird für eine geeignete Produktionsstätte und deren Ausstattung gesorgt. Außerdem werden erste Lieferantenverträge abgeschlossen.

	Jan 20	Feb 20	Mrz 20	Arp 20	Mai 20
Firmengründung / Gesellschaftsvertrag					
Softwareentwicklung					
Webseite					
Produktionsstätte					
Lieferantenverträge					

Rot = kritischer

Abschluss: Meilenstein Gründung

Meilenstein 2 - Testlauf

Dieser Meilenstein beschäftigt sich mit dem Abschluss eines erfolgreichen Produktionstestlaufes und den generellen Unternehmensprozessen, wie Auftragsabwicklung, Website-Check-Out und den logistischen Abläufen. Ein erfolgreicher Testlauf soll bis zum 01.01.2021 abgeschlossen sein. Innerhalb dieses Meilensteins können mögliche Unregelmäßigkeiten oder Probleme in Prozessen erkannt und verbessert werden.

	Jun 20	Jul 20	Aug 20	Sep 20	Okt 20	Nov 20	Dez 20
Website-Check-Out							
Produktionstest							
logistische Abläufe							
Auftragsabwicklung							

Rot = kritischer

Abschluss:
Meilenstein
Testlauf

Meilenstein 3 – Markteinstieg

Der Meilenstein Markteinstieg beschäftigt sich mit dem Verkaufsstart über die Webseite und beinhaltet zudem das Durchführen und Weiterentwickeln von Marketingkampanien, das Schalten von Keywords bei Google AdWords und die Pflege von Social-Media-Accounts. Diese Vorgehendweise soll zügig zu einem hohen Bekanntheitsgrad und einer hohen Marktdurchdringung führen. Der Meilenstein wird am 01.06.2021 abgeschlossen.

	Jan 21	Feb 21	Mrz 21	Apr 21	Mai 21
Start Verkauf über Webseite					
Marketingkampanien					
Keywords					
Social-Media					

Rot = kritischer

Abschluss:
Meilenstein
Markteinstieg

Meilenstein 4 – Erweiterung

Nach erfolgreichem Markteintritt soll binnen des 01.01.2023 das Produktportfolio erweitert werden. Hier soll auf das Kapitel Produkt verwiesen werden. Die Portfolioerweiterung befasst sich mit der Primär- und Sekundärdatenanalyse, um in Erfahrung zu bringen welche weiteren Produkte und Variationen hinzugefügt werden soll. Zudem werden verschiedene Testläufe in geringen Mengen veranlasst, die über die Attraktivität der möglichen Produkte entscheidet.

	06/21 - 12/21	01/22 -06/22	07/22 - 12/22
Primärdatenanalyse			
Sekundärdatenanalyse			
Produktauswahl / Test			
Erweiterung Portfolio			

Abschluss:
Meilenstein
Erweiterung

Kritischer Pfad

Der kritische Pfad wird in den obenstehenden Tabellen rot Markiert. Dies bedeutet, die Softwareentwicklung stellt eine wichtige Grundvoraussetzung dar, um die Funktionalität unseres USP (Konfigurator) und dem damit verbundenen Verkauf zu gewährleisten.

8 Chancen und Risiken

8.1 Chancen

Folgend behandeln wir die Chancen und Risiken für das Unternehmen Protein Plus GmbH. Aus der Sicht des Unternehmens besteht die größte Chance auf Erfolg darin, den Wettbewerbsvorteil der Alleinstellung so schnell wie möglich auszuspielen. Die Kombination aus Assistenten gesteuerter Beratung und ein All-In-One Produkt ist derzeitig einzigartig auf dem Markt. Im Rahmen der Customer Journey wird der Kunde an die Hand genommen und bedarfsgerecht auf seine Situation hin beraten. Durch diese professionelle Dienstleistung soll der Kunde langfristig an das Unternehmen gebunden werden. Damit soll zukünftig die kontinuierliche Steigerung der eigenen Marktanteile sichergestellt werden. Eine weitere Chance sieht das Unternehmen in der Kooperation mit Fitnessstudios und –ketten. Hier wird versucht über die Partnerschaft im beidseitigen Interesse einen Mehrwert zu erwirtschaften. Zum einen haben alle Studios einen eigenen Code mit dem die Studiomitglieder einen Rabatt auf die angebotenen Produkte der Homepage erhalten und gleichzeitig erhalten die Studios pro verkauftes Produkt eine Umsatzbeteiligung. Zum anderen können die Studiobetreiber auch unser Standardprodukt, das Whey, in ihren eigenen Räumen vertreiben. Im Rahmen stetiger Marktanalysen soll das Produktportfolio zeitnah an den Markt angepasst und ausgeweitet werden. In der Zeit nach dem Launch wird bereits an neuen Geschmackssorten wie Orange, Kokos, Apfel und Maracuja geforscht. So schnell wie möglich zu lernen, welche Produkte der Markt annimmt und welche noch in Zukunft benötigt werden ist essenziell für den Geschäftserfolg der Protein Plus GmbH. Als junges, innovatives Unternehmen legen wir großen Wert auf das Thema Digitalisierung und eine effiziente IT- Infrastruktur. Dies spiegelt sich auch am Markt wider, da dieser einen immer größeren Fokus auf den Onlinehandel legt. Ziel ist es, sowohl die in- und externe Kommunikation, als auch die Customer Journey so angenehm wie möglich zu gestalten. Dies soll durch ein ERP System, in Verbindung mit einem CRM-System sichergestellt werden.

8.2 Risiken

8.2.1 Markt

Eines der größten Risiken stellen die Markteintrittsbarrieren dar. Aufgrund der zahlreichen Mitbewerber mit Niedrigpreisstrategie, ist es für neue Plattformen recht schwer sich am Markt zu etablieren. Viele größere Plattformen haben zudem den Vorteil, dass sie aufgrund der hohen Bestellmengen einen deutlich niedrigeren Einkaufspreis bei ihrem Lieferanten aushandeln konnten. Die Protein Plus GmbH versucht zum Start ebenfalls attraktive Einkaufspreise auszuhandeln. Zudem verfolgt sie die Hochpreisstrategie und versucht über die qualitativ hochwertige Dienstleistung in Form des Assistenten, sowie über die hohe Qualität ihrer Produkte die Kunden für sich zu gewinnen. Ein weiteres Risiko sieht das Unternehmen in Form von einem zu geringen Produktportfolio. Hier kann es sein, dass den Kunden zum Launch das Angebot zu gering ist und deswegen der Umsatz leidet. Als Gegenmaßnahme wird bereits zeitgleich mit dem Launch an weiteren Produkten geforscht und im Plan sind zum 01.01.2023 vorläufig vier neue Geschmacksrichtungen (Orange, Kokos, Apfel und Maracuja).

8.2.2 Wettbewerb

Im Bereich Wettbewerb hat die Protein Plus GmbH folgende Risiken identifiziert. Zum einen muss so schnell wie möglich die Bekanntheit gesteigert werden um sich nachhaltig am Markt etablieren zu können. Zum anderen ist der Markt regelrecht mit Mitbewerbern überflutet und macht es neuen Plattformen schwer, Kunden für sich zu gewinnen. Dies soll über eine Marketingstrategie mit starkem Fokus auf den USP, dem Assistenten, gewährleistet werden. Der Kunde erkennt den Mehrwert der Protein Plus GmbH als Premium Onlinehandel für Sporternährung und ist somit eher gewillt dort einzukaufen. Ein weiterer Punkt sind fehlende Patente, Lizenzen und Zertifizierungen die zwingend erforderlich sind um die Außenwirkung eines Premium Anbieters gewährleisten zu können. Als Lösungsansatz wird zunächst ein Patentanwalt kontaktiert, der über die fehlenden Kompetenzen verfügt eine Patentfähigkeit unseres Assistenten zu prüfen und gegebenenfalls zeitnah einzureichen. Im Rahmen unseres Qualitätsmanagements wird geprüft, welche Lizenzen und Zertifizierungen erforderlich sind und ein Maßnahmenplan erstellt um diese erhalten zu können.

8.2.3 Technologie

Im Bereich Technologie stellt sich die Frage ob zukünftige Produkte Wechselwirkungen mit den bestehenden Produkten haben könnten. Um diese Kompetenzlücke zu schließen, hat die Protein Plus GmbH eine Ausschreibung für einen Lebensmitteltechniker gestartet. Dies soll langfristig mögliche Probleme mit den Wechselwirkungen einzelner Substanzen frühzeitig identifizieren und Lösungen bereitstellen.

8.2.4 Entwicklung

Für die zukünftige Entwicklung des Unternehmens wird einiges an Kapital benötigt, was zum heutigen Stand nicht gegeben ist. Ein Teil der Investitionen soll über Kredite finanziert werden. Weiter wird jedoch im Moment auch nach einem Businessangel gesucht. Neben dem zur Verfügung gestellten Kapital ist auch das mitgebrachte Know How und Businesskontakte eine sehr wertvolle Ressource.

8.3 Swot Analyse

	Stärken	Schwächen
Chancen	- Alleinstellung durch All-In-One Produkt i.V. mit Mischassistent - Großer Fokus auf Digitaliserung (ERP-, CRM-System)	- Stetige Marktanalysen - Umsetzung der gewonnenen Daten dauert Zeit
Risiken	- Geringes Produktportfolio -> wenig aber dafür qualitativ hochwertige Produkte - Bekanntheit muss mit geeigneten Marketingstrategien gesteigert werden -> Fokus Digitalisierung und USP - Fehlendes Kapital soll u.a. über einen interessierten Businessangel organisiert werden (weitere Vorteile durch Kontakte und Erfahrung)	- Markteintrittsbarrieren schwer überwindbar - Fehlende Patente, Lizenzen und Zertifizierungen müssen zeitnah erworben werden - Um Wechselwirkungen zukünftiger Produkte ausschließen zu können werden neue MA benötigt (Lebensmitteltechniker)

Abbildung 9: SWOT-Analyse

8.4 Best-/ Worst- Case Szenario

Für einen Erfolg der Protein Plus GmbH würden bereits die erfolgreichen Bemühungen in den vorangegangenen Abschnitten zählen. Im besten Fall kann sich das Unternehmen mit den genannten Chancen und den damit verbundenen Maßnahmen in kurzer Zeit am Markt etablieren und auch halten. Durch erzielte Gewinne kann ein stetiges Wachstum über Markt gewährleistet werden und dem Kunden im Laufe der Zeit stetig neue Produktvarianten angeboten werden.

Im schlimmsten Fall kann der, in den letzten Jahren stetig wachsende, Markt für Sportnahrungsergänzungsmittel stagnieren oder gar zurück gehen. In dieser Situation wäre die Gewinnung von Marktanteilen erheblich erschwert und würde in zusätzlichen Marketingbemühungen und damit verbundenen Kosten resultieren. Diese Erschwernisse würden es dem Unternehmen sehr schwer machen ihre Planungen umzusetzen und nachhaltig profitabel am Markt zu agieren. Ein weiterer Punkt wäre die Ablehnung des Konzeptes durch die Kunden. Der zuvor geschilderte Unique Selling Point hätte keinen Wert, um einen erfolgreichen Start zu schaffen. Damit verbunden würde auch die geplante Hochpreisstrategie nicht verfolgt werden können, um Premiumprodukte zu verkaufen. Unter diesen Vorrausetzungen würde das Unternehmen, realistisch gesehen, nicht am Markt bestehen können, da man sich dann rein über den Preis mit den anderen Big Playern vergleichen müsste.

8.5 BCG – Matrix

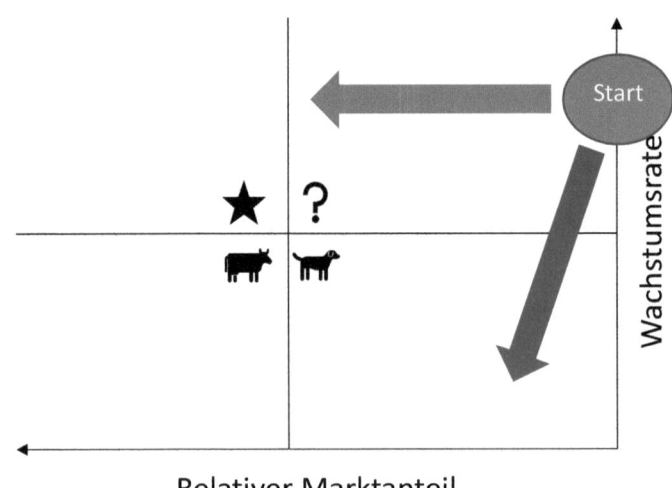

Abbildung 10: BCG-Matrix

9 Finanzplan

Umsatzplanung

Bereits im ersten Jahr ist ein Ertrag von 359.385 Euro geplant. Um dieses Ziel zu erreichen wird eine groß angelegte Marketingaktion über sozial Media angesetzt. So wird versucht den Bekanntheitsgrad und die Umsätze von Anfang an steigern. Wir erwarten im ersten Jahr 7.410 Einheiten zu einem durchschnittlichen Verkaufspreis von 47€ zu verkaufen. Dazu kommen noch 1,5 Euro sonstige betriebliche Erträge je Einheit, durch die Differenz bei den Versandkosten. Hier erheben wir 5 Euro Versandkosten beim Kunden und haben jedoch tatsächliche Versandkosten von nur 3,5 Euro. Wegen der hohen Qualität unseres Produktes und dem hohen Kundennutzen in Verbindung mit unseren zielgerichteten Werbemaßnahmen, erwarten wir eine kontinuierliche Steigerung der Verkaufszahlen. Ab dem zweiten Jahr erwarten wir einen Ertrag von ca. 1.201.392 Euro. Mit fortschreitendem Bekanntheitsgrad unseres Produktes, aber auch durch die starke Entwicklung des Marktes, erwarten wie kontinuierliche Umsatzanstiege. Im dritten Jahr rechnen wir daher mit einem Ertrag von 3.360.346 Euro. Diese Planung basiert auf der Voraussetzung, dass die Gründer ab dem ersten Tag bestrebt sind, durch lange Arbeitszeiten und zusätzliche Schichten, auch am Wochenende, unser Unternehmen aufzubauen. Darüber hinaus setzen wir voraus, dass der Markt für Nahrungsergänzungsmittel im Kraftsportbereich weiterhin ein so großes Wachstum zeigt wie in der Vergangenheit. Es wurden in der Planung jährliche Preissteigerungen von 2% berücksichtigt.

Umsatzplanung für die ersten 3 Jahre in Euro

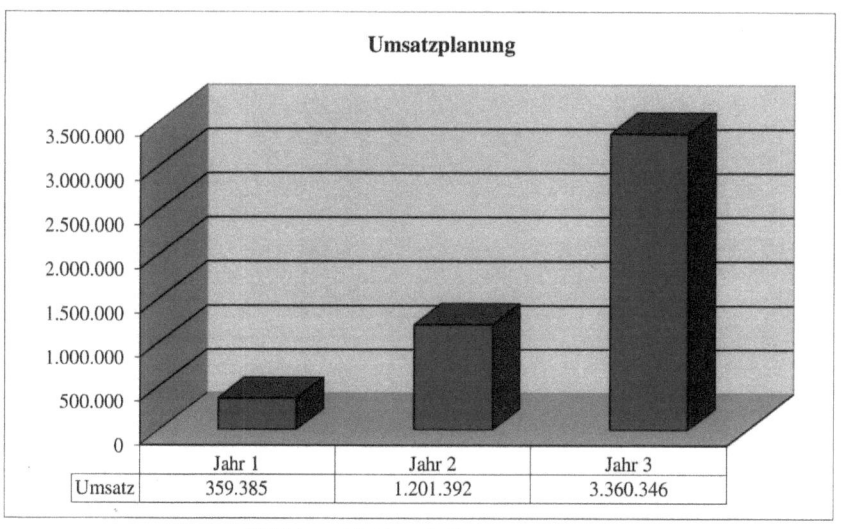

Abbildung 11: Umsatzplanung

Personalplanung

Um Personalkosten zu sparen, werden die Gründer die ersten sieben Monate alle anfallenden Arbeiten selbst übernehmen. Wie bereits beim Geschäftsmodell beschrieben, werden die Gründer, ihren Fähigkeiten entsprechend, verschiedene Posten bekleiden. Erst ab dem siebten Monat ist es geplant, einen Produktions- und Versandmitarbeiter einzustellen. Die Personalstärke wird, entsprechend den Umsätzen, kontinuierlich steigen. Im zweiten Jahr rechnen wir mit zusätzlichen vier Vollzeitstellen und im dritten Jahr mit weiteren fünf Vollzeitstellen. Damit rechnen wir Ende des dritten Jahres mit gesamt 16 Vollzeitstellen. Hierin enthalten sind die sechs Gründer und 10 weitere Mitarbeiter für die Bereiche Produktion, Verpackung und Versand. Um das Risiko durch Krankheit oder anders bedingte Personalausfälle für das Unternehmen zu mindern, werden mehrere Teilzeitmitarbeiter angestellt. Die Personalkosten ergeben sich aus dem Bruttoeinkommen, welches für die Gründer 40.000€ jährlich und für andere Mitarbeiter 30.000€ jährlich beträgt und den Personalnebenkosten welche mit 25% veranschlagt wurden. Darüber hinaus wurde eine jährliche Personalkostenerhöhung von 2% berücksichtigt um Lohnsteigerungen Rechnung zu tragen.

Personalkosten für die ersten 3 Jahre in Euro:

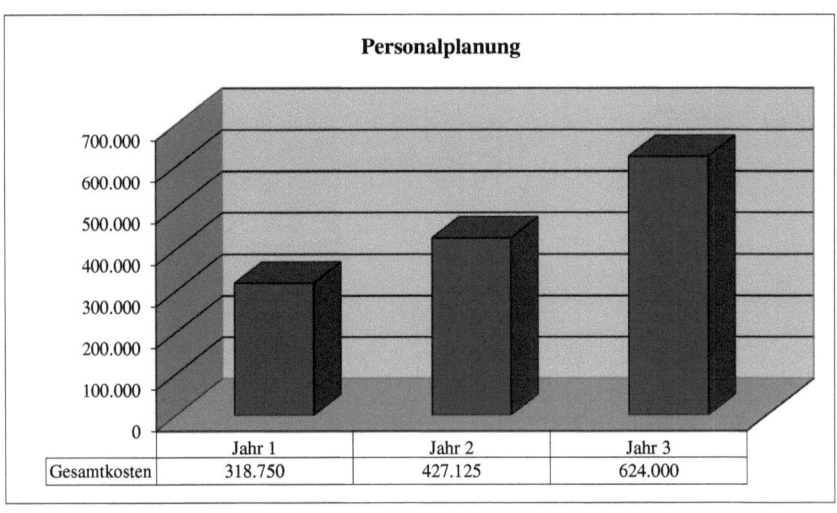

Abbildung 12: Personalplanung

Kostenplanung

Bei der Kostenplanung wurde vor allem darauf geachtet, den Finanzbedarf so gering wie möglich zu halten. Größte Position ist der Wareneinkauf mit 45%. Die zweitgrößte Position sind die Personalkosten und die sonstigen betrieblichen Aufwendungen. Die sonstigen betrieblichen Aufwendungen beinhalten die Verwaltungsaufwendungen (Softwarelizenzen, Rechts- und Beratungskosten, Telefon und Büromaterial), Vertriebskosten, Raumaufwendungen, Kosten für Fahrzeuge und die Fremdkapitalzinsen. Um die Personalkosten so gering wie möglich zu halten, werden von den Gründern möglichst viele Arbeiten selbst übernommen. Die Kosten für den Jahresabschluss sind in den Rechts- und Beratungskosten beinhaltet. Ein Fahrzeug wird gebraucht geleast, um auch hier die Kosten gering zu halten. Die Versandkosten je Einheit betragen 3,5€. Da vom Kunden 5€ verlangt werden, wird die Differenz von 1,5€ als sonstige Umsätze deklariert. Auch hier wurden jährliche Kostensteigerungen von 2% berücksichtigt.

Kostenplanung für die ersten 3 Jahre:

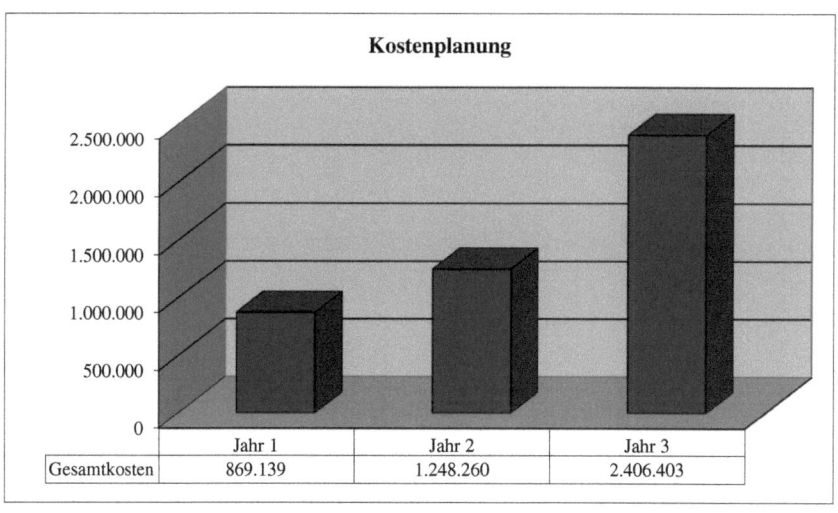

	Jahr 1	Jahr 2	Jahr 3
Gesamtkosten	869.139	1.248.260	2.406.403

Abbildung 13: Kostenplanung

Investitionsplanung

Die Investitionen in Höhe von 585.000 Euro im ersten Jahr werden für die Entwicklung der Website (25.000 Euro), der Software unseres Beratungstools (150.000 Euro), der Produktentwicklung (250.000 Euro), dem Kauf der nötigen Produktions- und Abfüllmaschinen (100.000 Euro) und für die benötigte Geschäftsausstattung (60.000 Euro) benötigt. Es sind jährliche Investitionen von 19.000 Euro im zweiten Jahr und 33.000 Euro m dritten Jahr für Neuanschaffungen berücksichtigt worden. Die Kapazitäten der Produktions- und Abfüllmaschinen sind für die ersten drei Jahre ausreichend. Bei gleichbleibendem Umsatzwachstum müssten erst im fünften Jahr weitere Maschinen angeschafft werden. Die Abschreibungen ergeben sich aus der Afa Tabelle und betragen für PC, Drucker, Software und die Website jeweils drei Jahre, für die Produktentwicklung und die Maschinen jeweils 10 Jahre und für die Geschäftsausstattung sechs Jahre.

Investitionsplanung für die ersten 3 Jahre in Euro:

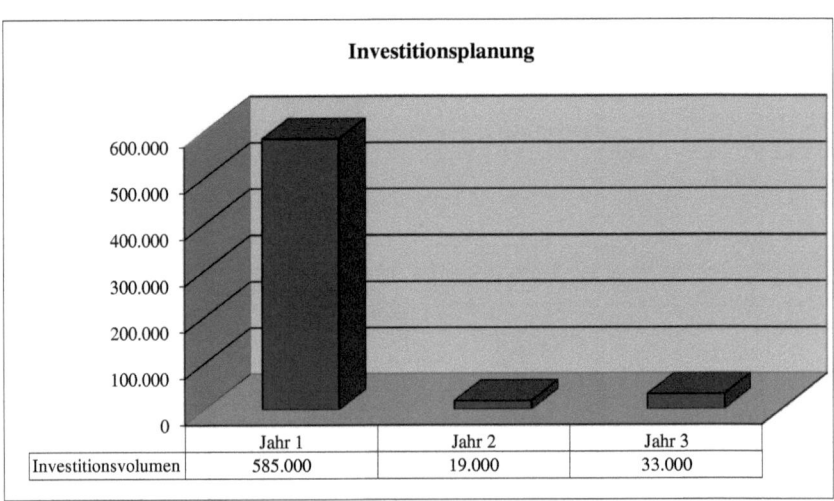

Abbildung 14: Investitionsplanung

Liquiditätsplanung

Bei Eintreffen aller Voraussetzungen dieses Businessplans erreicht die Liquiditätskurve ihren tiefsten Punkt bereits im ersten Monat bei -135.138 Euro. Das liegt daran, dass der Businessplan in den ersten 4 Wochen große Investitionen und nur sehr geringe Umsätze vorsieht. Da eine Dauerfristverlängerung bei der Umsatzsteuererklärung vorgesehen ist, wird durch die Umsatzsteuerrückzahlung ein Sprunghafter Anstieg im Monat drei erwartet. Durch die eingerechneten Folgeinvestitionen, Anfang des zweiten und dritten Jahres, sind kleine Einbrüche zu erkennen. Ansonsten steigt der Cash Flow kontinuierlich an. Geplant ist, dass er Mitte des zweiten Jahres positiv wird.

Liquiditätsplanung für die ersten 12 Monate:

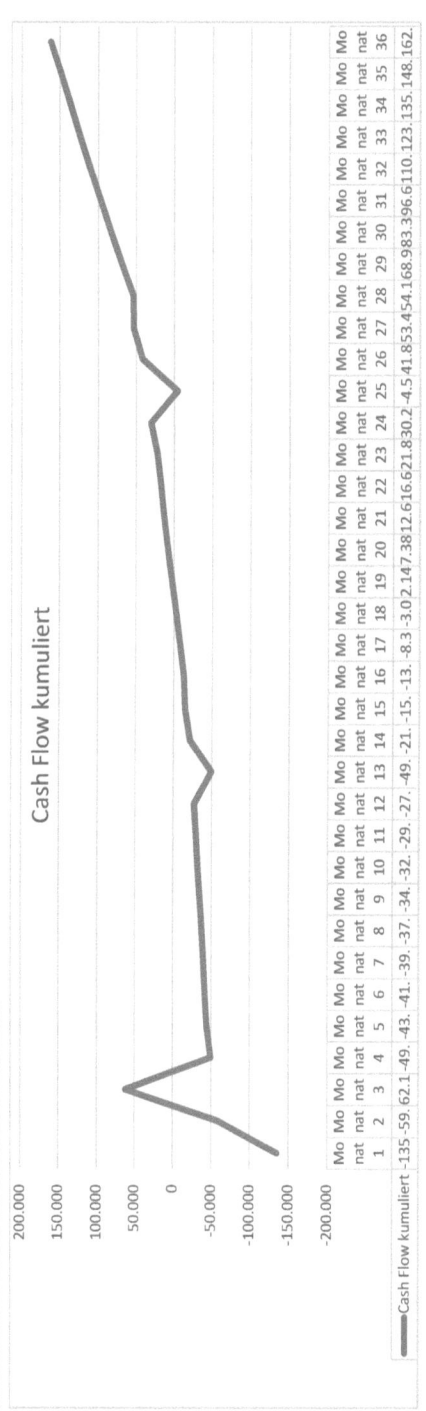

Abbildung 15: Liquiditätsplanung

Rentabilitätsplanung

In der folgenden Grafik wird die Rentabilitätsplanung der ersten drei Jahre angezeigt. Es ist vorgesehen, dass im ersten und im zweiten Geschäftsjahr ein negatives Unternehmensergebnis von -518.209 Euro und -66.597 Euro erwirtschaftet werden. Ab dem dritten Geschäftsjahr ist mit einem positiven Ergebnis von 920.740 Euro zu rechnen. Diese positive Entwicklung ist auf die Skaleneffekte der steigenden Umsatzerlöse zurückzuführen.

Rentabilitätsplanung für die ersten 3 Jahre:

Rentabilitätsplanung Protein Plus GmbH	Jahr 1	Jahr 2	Jahr 3
1. Umsatzerlöse	348.270	1.284.792	3.328.728
2. Sonstige betriebliche Erträge	11.115	40.200	102.150
Betriebserträge insgesamt	359.385	1.324.992	3.430.878
3. Materialaufwand	158.358	584.195	1.513.573
4. Personalaufwand	318.750	418.750	600.000
5. Abschreibungen	105.000	111.333	122.333
6. Sonstige betriebliche Aufwendungen	287.031	270.669	269.429
- Verwaltungsaufwendungen	13.976	14.426	15.026
- Vertriebskosten	135.000	120.000	120.000
- Raumaufwendungen	120.000	120.000	120.000
- Übrige Betriebsaufwendungen	9.600	9.600	9.600
7. Zinsen	8.455	6.643	4.803
Ergebnis der gewöhnlichen Geschäftstätigkeit vor 8. Steuern	-518.209	-66.597	920.740

Finanzierungsplanung

Der Kapitalbedarf der Gründung beträgt laut Finanzplan 585.000 €. Aufgrund einer vorsichtigen Planung wird zusätzlich ein Puffer in Höhe von 10 % eingeplant, so dass insgesamt 643.000 € benötigt werden.

Die Finanzierung soll durch vorhandene Eigenmittel und durch Fremdkapital erfolgen:

1. Eigenkapital: 25.000 €
2. Darlehen   618.000 €

Die Planung geht hierbei von folgenden Konditionen für das benötigte Fremdkapital aus:

1. Höhe des benötigten Fremdkapitals   618.000 €
2. Zinssatz für Fremdfinanzierung (eff. Jahreszins)   1,5 %
3. Laufzeit   60 Monate
4. Monat der Darlehensaufnahme   Monat 1
5. Monatliche Rate   10.703 €

Eventuelle Förderprogramme für die Finanzierung sind nicht berücksichtigt. Zum Überbrücken der negativen Geschäftsergebnisse der ersten beiden Jahre, werden falls nötig kurzfristige Kredite benötigt die bisher nicht berücksichtigt sind. Einzelheiten entnehmen Sie bitte dem beigelegten Finanzplan.

BEI GRIN MACHT SICH IHR WISSEN BEZAHLT

- Wir veröffentlichen Ihre Hausarbeit, Bachelor- und Masterarbeit

- Ihr eigenes eBook und Buch - weltweit in allen wichtigen Shops

- Verdienen Sie an jedem Verkauf

Jetzt bei www.GRIN.com hochladen und kostenlos publizieren